Short Vowels Phonics

/ŏ/ pig map /ă/

box

fish

/ĕ/

web

bag /ĭ/

bug ax

YFG Kidz
Books, notebooks, journals, and more.
www.amazon.com/author/yfg-kidz
All images credited to Canva®

Short A Sound

★ The short a vowel sound. ★

Sound "a" as in apple

A a  A a

æ
(IPA)

/ă/
(AHD)

Short A Words

⭐ The **short a** sound is at the beginning of the word **apple**. Touch and read each word aloud.

bag	bat	jam	lag	pan
sat	nap	cat	sad	bad
mat	fan	pat	zag	lap
at	mad	tag	hat	tap

⭐ Color the box with the **short a** words. There are 6 words.

dash	clap	tag	beg	pig
peg	hat	big	flag	mug
pet	math	met	lock	leg

⭐ Read aloud and circle the words with the **short a** sound.

The cat is black.
The cat is in the bag.
He has a green hat.

Short A Words

 Write the missing letter to complete the words.

b_g   b_t   j_m   p_n

c_t   n_p   s_d   m_t

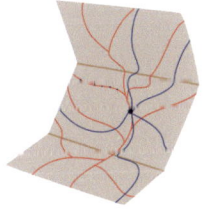   

m_p   c_p   f_n   t_g

c_n   r_t   h_m   h_t

Short A Review

Read the word.   **Trace the word.**   **Write the word.**

bat

cat

hat

rat

fat

cap

map

tap

can

man

Short E Sound

 The **short e** vowel sound.

Sound "e" as in egg

Ee　　　　　Ee

/ɛ/　　　　　/ĕ/
(IPA)　　　　(AHD)

Short E Words

 The **short e** sound is at the beginning of the word **egg**. Touch and read each word aloud.

fed	red	ten	tent	peg
pet	net	leg	web	egg
hen	pen	yell	gem	belt
bell	wet	nest	yes	shell

 Color the box with the **short e** words. There are 6 words.

bed	clap	tag	beg	pig
pen	hat	big	flag	mug
pet	mug	man	web	leg

 Read aloud and circle the words with the **short e** sound.

Beth went outside.
Her raincoat is red.
Beth got wet.

Short E Words

 Write the missing letter to complete the words.

b_e_ll   h_n   w_b   p_n

g_m   n_st   t_nt   r_d

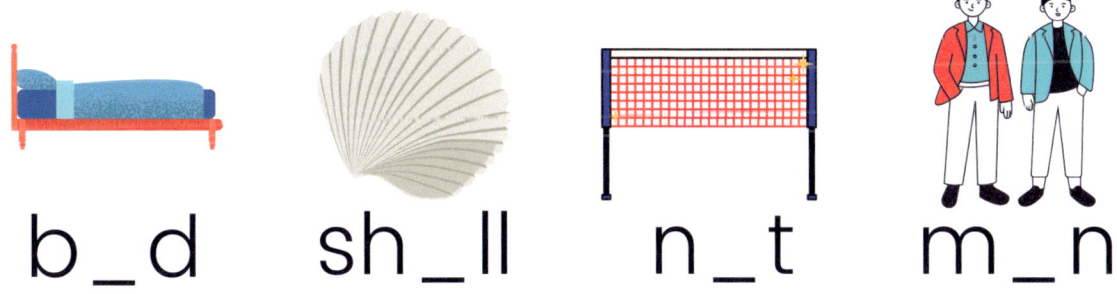

b_d   sh_ll   n_t   m_n

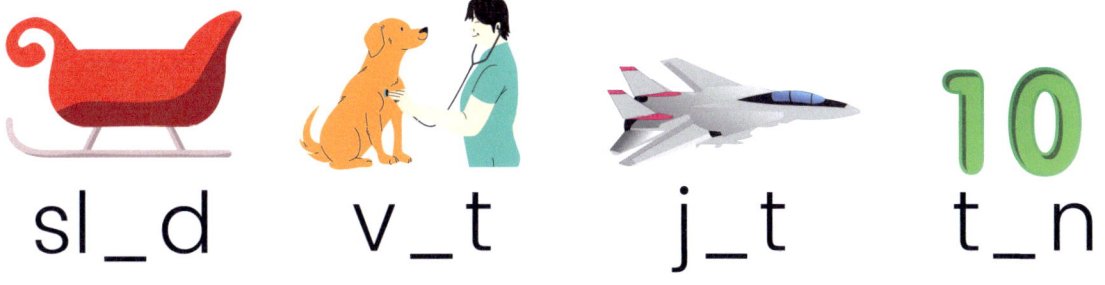

sl_d   v_t   j_t   t_n

Short E Review

Read the word. | **Trace the word.** | **Write the word.**

fed

pet

hen

bell

red

net

pen

wet

peg

egg

Short Vowels Review

⭐ Color the fish with the sound /ĕ/ red and the sound /ă/ green.

Short I Sound

★ The **short i** vowel sound. ★

Sound "i" as in pig

I i  I i

/ɪ/
(IPA)

/ĭ/
(AHD)

Short I Words

⭐ The **short i** sound is in the word **fish**. Touch and read each word aloud.

big	twig	fish	dish	wish
sit	swim	bin	kid	pit
king	ship	lid	dig	swing
six	sick	brick	flip	spin

⭐ Color the box with the **short i** words. There are 6 words.

dog	flip	tug	beg	pig
pag	hat	big	flag	mug
bin	ship	met	spin	leg

⭐ Read aloud and circle the words with the **short i** sound.

The yellow fish is big.
He likes to swim.
He likes to flip.

Short Words

⭐ Write the missing letter to complete the words.

d_g   p_g   br_ck   p_n

d_sh   f_sh   s_x   Sh_p

k_d   sw_m   k_ng   b_n

tw_g   sp_n   s_t   sw_ng

Short I Words

Read the word.   **Trace the word.**   **Write the word.**

- big
- bin
- brick
- dig
- dish
- fish
- flip
- kid
- king
- lid

Short O Sound

 The short o vowel sound.

Sound "o" as in dog

Oo  Oo

/ɒ/
(IPA)

/ŏ/
(AHD)

Short O Words

⭐ The **short o** sound is at the beginning of the word **octopus**. Touch and read each word aloud.

hot	dog	jog	hog	blob
dot	hop	box	frog	shop
knot	rock	pot	clock	mop
job	fox	cob	spot	top

⭐ Color the box with the **short o** words. There are 6 words.

bug	log	bell	doll	pig
leg	hat	fox	run	mop
pet	dog	met	clock	pug

⭐ Read aloud and circle the words with the **short o** sound.

The fox sat on top of a rock.
The sun made him feel hot.

Short O Sound

 Write the missing letter to complete the words.

d_g   b_x   bl_ck   fr_g

p_t   r_ck   c_b   cl_ck

f_x   kn_t   l_g   s_ck

m_p   l_ck   d_ll   t_p

Short O Sound

Read the word.   **Trace the word.**   **Write the word.**

Read	Trace
box	box
clock	clock
cob	cob
dog	dog
fox	fox
frog	frog
hog	hog
hop	hop
jog	jog
pot	pot

Short Vowels Review

★ Color the apples with the sound /ă/ red and the sound /ŏ/ green.

Short U Sound

 The **short u** vowel sound.

Sound "u" as in umbrĕlla

Uu　　　　　　　　　Uu

/ʌ/
(IPA)

/ŭ/
(AHD)

Short U Words

 The **short u** sound is at the beginning of the word **umbrella**. Touch and read each word aloud.

bus	cup	cut	luck	jug
sun	tub	mud	fun	bun
mug	duck	truck	gum	bunny
bug	run	brush	nut	rug

 Color the box with the **short u** words. There are 6 words.

dish	clap	cut	beg	luck
bug	lock	big	fun	mug
pet	duck	met	block	get

 Read aloud and circle the words with the **short u** sound.

Russ has two bugs.
The bugs run inside the jar.
The bugs are fun.

Short Words

⭐ Write the missing letter to complete the words.

b u g   p _ g   d _ ck   r _ n

t _ b   b _ s   s _ n   b _ n

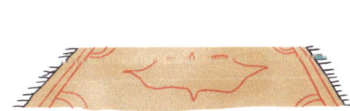   

r _ g   tr _ ck   m _ g   m _ d

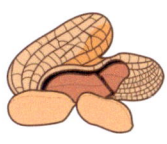   

n _ t   f _ n   j _ g   c _ p

Short U Words

Read the word.	Trace the word.	Write the word.
brush	brush	
bug	bug	
bus	bus	
cut	cut	
mud	mud	
mug	mug	
sun	sun	
truck	truck	
bun	bun	
rug	rug	

Short Vowels Review

⭐ Color the balloons with the sound /ĭ/ blue and the sound /ŭ/ red.

Identify the objects

 Color the objects and use the letters to spell out the short vowel words.

Fish	Pin
_ _ _ _	_ _ _
i f s h	p n i

Gem	Sun
_ _ _	_ _ _
m e g	n s u

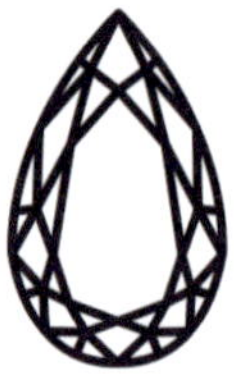

Bag	Rug
_ _ _	_ _ _
g b a	r g u

Short Vowels Review

 White the correct vowel to complete the words.

| a e i o u |

b_t

w_n

h_g

l_p

d_d

ch_ck

w_b

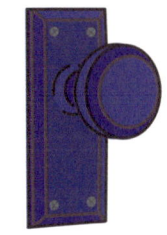
kn_b

d_ll

Certificate of Completion

Presented to

duck

_____
- -
_____

Language Award

ax

bag

tap

map

pig

pot

fish

bell

bug

web

box

six

Printed in France by Amazon
Brétigny-sur-Orge, FR